AF440435

LE DÉPUTÉ DE L'OPPOSITION

PARIS, IMP. L. POUPART-DAVYL, 30, RUE DU BAC.

LE DÉPUTÉ

DE

L'OPPOSITION

CE QU'IL EST

CE A QUOI IL SERT — CE QU'IL COUTE

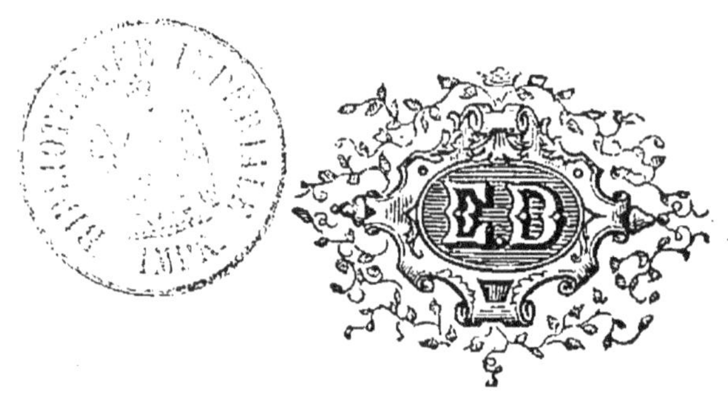

PARIS

E. DENTU, LIBRAIRE-ÉDITEUR

Palais-Royal, 17 & 19, galerie d'Orléans

—

1867

LE

DÉPUTÉ DE L'OPPOSITION

Point de personnalités.

L'OPPOSITION

Depuis qu'il y a des gouvernements, il y a des oppositions; dès que le monde s'organisa, le diable fit de l'opposition à Dieu.

Mais, depuis qu'il y a des gouvernements & des oppositions, pourquoi la routine a-t-elle absolument voulu que les premiers eussent toujours tort & les secondes toujours raison?

Pourquoi des encouragements & des bravos continus pour celles-ci; pourquoi sans cesse des railleries & des découragements pour ceux-là?

Pourquoi tous ceux qui se font les défenseurs

d'un pouvoir doivent-ils ne passer jamais que pour des ignorants, des lâches ou des traîtres ; pourquoi tous ceux qui l'attaquent, au contraire, ne doivent-ils mériter sans cesse que la palme des illuminés, des patriotes ou des héros ?

Eſt-ce donc que le rôle de l'opposition eſt fatalement le plus difficile, le plus dangereux, le plus beau, le plus logique & le plus utile?

Eſt-ce que l'infaillibilité qu'elle refuse à tous autres eſt son apanage & son monopole?

Eſt-ce que la nature, sauvage & dure marâtre de quiconque édifie ou conserve, ne doit de maternels sourires qu'à ceux qui frappent & brisent ?

CE QU'ELLE FUT JADIS

Hélas ! l'humanité, qui se croit composée d'hommes, l'eſt souvent de moutons, &, quand l'un fait un écart, beaucoup de ceux qui viennent ensuite pensent devoir le faire à leur tour.

Or, si, dans d'autres temps, l'opposition n'eut pas toujours raison, du moins elle eut souvent ses dangers.

Et le danger, d'ordinaire, entoure de preſtige & pousse aux sympathies des masses.

Le danger fut donc la première auréole de l'opposition.

Parfois, d'ailleurs, généreuse comme ce qui eſt brave, & ardente comme ce qui eſt jeune, elle lutta pour la vertu blessée ou le malheur repoussé, & sa première couronne se tailla dans la reconnaissance des vrais opprimés.

Les orateurs & les poëtes, — les louanges parlées & les louanges écrites, — commencèrent alors la tradition de sa grandeur.

Alors, aussi, de nombreux prétextes venaient souvent la légitimer &, quand elle disait représenter le peuple, *tous* n'étant pas consultés, *nul* ne pouvait lui prouver le contraire.

Depuis lors, l'opposition eut ses bonnes & ses mauvaises heures; mais, raisonnable ou folle, grande ou mesquine, salutaire ou funeſte, infernale ou divine, elle n'en creusa pas moins sa voie, cette voie n'en fut pas moins suivie, & la tradition se continua.

CE QU'ELLE EST AUJOURD'HUI

Et l'on veut la continuer encore.

Seulement, eſt-ce à tort? eſt-ce avec raison?

Quand c'eſt l'exception d'une nation qui gouverne, — que cette exception se condense en un groupe de courtisans ou se dilate en colléges plus ou moins nombreux d'électeurs privilégiés, — nul ne sait ce que vraiment le peuple veut, nul ne peut savoir ce qu'eſt la véritable opinion publique, &, par cela même, l'opposition se légitime.

Encore une fois, tant que d'irréfutables chiffres ne viennent pas la démentir, elle a le droit de se dire avec le peuple, elle a le droit de se dire le peuple lui-même, elle a sa raison d'être, enfin, & c'eft grâce à cette raison d'être que son rôle se développe & que son preftige grandit.

Mais, quand c'eft la nation entière qui, debout sur ses droits, vient affirmer sa volonté & que c'eft en vertu de cette volonté générale & souveraine que *son élu* gouverne, l'opposition descend au niveau de l'exception, son rôle n'eft plus que celui d'un parti sans grandeur ou sans base & sa mission n'eft plus.

Car, alors, c'eft le droit universel qui domine & doit dominer tout, &, — qu'on s'appelle la droite, la gauche ou le tiers-parti, — toutes les exceptions ne sont plus que des inconséquences antinationales ou des révoltes; &, désormais, lutter contre ce droit qui n'appartient qu'à la majorité & contre cette majorité qui, seule, eft le peuple & la France, c'eſt se mettre hors la France, hors le peuple & hors le droit.

En un mot, chacun changeant de rôle, l'opposition n'eſt plus que l'accident voulant supplanter le principe, une ariſtocratie de mauvais aloi s'insurgeant contre la démocratie.

Non pas l'impossible & fausse démocratie de pygmées, d'envieux, de déclassés & de paresseux d'en haut & d'en bas qui ne peut que compromettre l'autre;

Mais cette autre & seule vraie démocratie de riches & de pauvres, de grands & de petits, d'ouvriers de la pensée & de travailleurs de la matière qui compose la patrie elle-même & qui lui apporte, avec la vie & la prospérité, l'éclat & la grandeur;

La seule qui puisse être assez complétement souveraine pour indiquer à son élu les libertés dont elle a besoin & celle dont elles a peur avec raison;

La seule qui puisse être assez magiſtralement autorisée pour l'arrêter dans les querelles inutiles ou dangereuses & l'exciter aux guerres nationales ou nécessaires;

La seule qui, en dehors des orgueils de souverains ou des passions de partis, puisse avoir assez de sage puissance & assez de preſtige pour que l'Europe entière la respecte & l'imite;

Et la seule, en un mot, qui, en s'universalisant, puisse être assez forte pour supprimer le désordre & décréter la paix.

Et, cette opposition, c'eſt celle d'aujourd'hui.

COMMENT ELLE SE CONSTITUE ET SE RECRUTE

Dans chaque population, il y a toujours un bas-fond :

De travailleurs, ennemis du travail, dont l'idéal politique s'arrête aux cabarets gratuitement & nuit & jour ouverts;

D'êtres perdus & repoussés que toute loi gêne & que toute discipline impatiente;

D'hommes envieux, endettés, déclassés ou gangrenés, qui, incapables de se frayer une route dans le calme, espèrent trouver au milieu de l'orage le filon d'argent ou de pouvoir qu'ils convoitent ;

De reptiles de toute taille qui, ne sachant que ramper, cherchent à salir, d'en bas, tout ce qui plane au-dessus d'eux.

Eh bien, à peine une nation tente-t-elle de s'organiser, que toutes leurs voix impures poussent, à l'envi, les beaux cris de liberté, de patriotisme & de progrès, & qu'au bruit de ces cris-là, toutes leurs mains s'avancent pour remuer le pavé de l'émeute.

Et l'opposition a, dès lors, sa base toute trouvée.

Sur cette base, aussitôt, se groupent les regrets du passé & les ambitions de l'avenir, &, sans souci de la fange qui clapote à leurs pieds, tous les partis repoussés répètent les mêmes mots pour en mieux recouvrir leurs rancunes & leurs espérances.

Bientôt après, arrivent à ces cris :

Les artiftes de l'avenir auxquels le pouvoir a négligé de tresser des couronnes civiques pour leurs œuvres futures ;

Les écrivains incompris ou les novateurs incompréhensibles que leur génie absent n'a point encore faits millionnaires ou gouvernants;

Les étudiants de contrebande ou de dixième année dont les temples de la nicotine & des déesses patentées abritent, seuls, les sérieuses études;

Les faux humanitaires du barreau, qui, devant veiller toujours sur l'orphelin & la veuve, les attaquent on ne peut mieux, pourvu qu'on les paye bien, & s'abritent froidement sous leur robe pour insulter l'adversaire du jour ou le client de la veille;

Timidement d'abord, avec audace ensuite, surgissent, à leur tour, les *pères fouettards* politiques... ces inconséquents & incorrigibles bourgeois de la ville & des champs, qui, ayant en main l'argent & l'inftruction, l'induftrie & le commerce, l'armée & l'agriculture, ne savent, malgré cela, rien être par eux-mêmes, s'inclinent sans cesse devant la noblesse qu'ils jalousent, ou la démagogie qu'ils méprisent, ont leurs bras toujours prêts à battre, pour autrui,

le rappel de l'émeute, & passent niaisement
leur vie à regretter, le lendemain, ce qu'ils ont
aidé à briser la veille;

Puis, enfin, & au-dessus de tout cela, ceux
des bons ouvriers qui, dévoyés par l'exemple
& égarés par l'éblouissement des grands mots,
repoussent la paternelle & protectrice action
de l'autorité pour se faire les soldats sans
solde & les dupes de quiconque les aveugle &
les exploite;

Et ces naïfs débutants de la vie qui, en
s'échappant du collége avec un bagage plus
faux que vrai & plus d'illusions que d'expé-
rience, rougissent de leur innocence politique
comme de leur autre innocence & qui, pour
mieux prouver qu'ils ne l'ont plus, affectent
d'applaudir à tous les écarts & de battre des
mains à toutes les débauches.

Arriérés & perdus dans les vieilleries sociales
de leurs classiques, ils prennent le passé pour
l'avenir, la barbarie pour la civilisation, la sau-
vagerie pour le progrès, les assassins pour des
héros & ils déifient les Brutus, comme d'autres
déifient les Corday, sans songer qu'à ce jeu de

bascule les poignards des plus audacieux deviendraient, à tour de rôle, l'unique & irrésistible argument des partis.

Pauvres enfants aussi fous que généreux, plus tard ils se rappelleront que, pour sauver le monde & le civiliser, le Chrift eſt mort, mais qu'il n'a pas tué;

Plus tard, à l'exemple de pères respeċtés, ils se feront aussi les sages défenseurs de la raison & du bon sens;

En attendant, & comme leurs frères aveuglés de l'atelier, ils deviennent, sans le savoir, les pêches à deux francs dont les spéculateurs politiques couvrent leurs pêches à deux sous pour attirer l'acheteur.

Et voilà les consciences qui s'intitulent la conscience publique;

Et voilà les voix qui se disent la voix du peuple;

Et voilà les bras qui se dressent en grands conſtruċteurs de l'avenir;

Et ce sont tous ces ambitieux, tous ces repoussés, tous ces déclassés, tous ces incapables, tous ces jaloux, tous ces médiocres, tous ces inconséquents, tous ces aveugles & tous ces naïfs qui, sous le nom preftigieux d'opposi-tion, critiquent & ridiculisent, sans trêve ni merci, l'œuvre du suffrage universel & du peuple.

Mais, encore une fois, en changeant de place, l'opposition a fatalement changé de rôle; sa tradition s'arrête, son piédeftal se brise, & son masque, en tombant, ne laisse plus voir en elle :

Que l'ariftocratie d'en bas voulant succéder à l'ariftocratie d'en haut;

L'exception turbulente cherchant à s'imposer aux masses paisibles;

Le désaftreux ramassis de tous les éléments dissolvants de l'époque;

Et l'inconséquente caricature des logiques oppositions d'autrefois.

LE DÉPUTÉ DE L'OPPOSITION

De ce mélange innommé sort parfois un produit qui monte à la surface.

C'eſt le député de l'opposition.

CE QUI LE CARACTÉRISE

Non pas celui qui, s'inspirant de la volonté des populations & reconnaissant le gouvernement de leur choix, voit quelquefois les choses autrement que lui-même;

Non pas celui qui, toujours prêt à soutenir le Pouvoir dans les fondamentales queſtions de salut, d'ordre ou de confiance, lui apporte parfois de spéciales critiques;

Dès qu'il respecte le principe national de l'autorité & qu'il s'en fait, à l'occasion, le dé-

fenseur énergique & dévoué, les détails appar-
tiennent à sa conscience & la discussion à son
indépendance.

Ce n'eſt pas là le député de l'opposition.

Le député de l'opposition,

C'eſt celui qui ne prête serment d'obéissance
à la conſtitution que pour l'attaquer sans
cesse & sans danger ;

C'eſt celui qui, se drapant à tout propos dans
son indépendance faĉtice, met hautement le
syſtème à la place de l'examen, obéit en esclave
à la baguette du parti, s'impose l'obligation de
voir & de parler toujours autrement que la
majorité, subit docilement tous les despotismes
de la passion & ne devient, ainsi, indépendant
que du bon sens & de la vérité ;

C'eſt celui qui, faisant, en toute occasion,
flamboyer un courage inutile, menace conſtam-
ment & n'eſt jamais menacé ;

C'eſt celui qui, né de la coalition de toutes
les impuissances repoussées, se sacre direĉteur
de l'opinion publique & qui, ne pouvant parler
que creux & faux, parle fort & toujours ;

C'eſt celui dont les âcres paroles enivrent

comme l'absinthe, & qui, sachant la foule avide de grands mots, l'en abreuve à pleines coupes jusqu'à ce que l'ivresse arrive;

C'eſt celui qui, au nom du peuple & du suffrage universel, bat, jour & nuit, en brêche tout ce qu'édifient le suffrage universel & le peuple;

C'eſt celui qui, sous la grimace de la liberté, ne cherche qu'à tyranniser la nation & à pouvoir lui dire : « Obéis ou prends garde! »

C'eſt celui dont l'éternel mot d'ordre eſt d'attaquer, quand même, tout fonctionnaire fidèle à ses devoirs & toute adminiſtration rétive au désordre;

C'eſt celui qui, loin de tenir compte au gouvernement de chacun de ses pas en avant, ne l'en mord, jour par jour, qu'avec plus de rage & de violence;

C'eſt celui qui ne se sert des droits qu'on lui donne que pour arriver impunément à la licence;

C'eſt celui dont les déclamations désordonnées arrêtent & paralysent à tout inſtant, dans ses aspirations libérales, le pouvoir qui s'efforce

de préparer l'inftruction, le bien-être & l'indépendance pour tous ;

C'eft celui qui, par ses indiscrètes insinua-
tions ou ses interpellations inopportunes, entrave chaque jour la marche des négociations
les plus sérieuses, en compromet le succès à
force d'imprudentes paroles, &, par ses mala-
dresses irritantes, met souvent des ennemis à
la place d'alliés ;

C'eft celui qui, dans son bruyant amour
pour les perfections des autres pays, s'en tient
cependant au platonisme & évite de voir, de
trop près, ces eldorados du meeting, du bâton
& du revolver ;

C'eft celui qui, exaltant à tout propos l'é-
tranger au détriment de la France & l'excitant
du même coup, prépare traîtreusement les
embarras du dehors ;

C'eft le syftématique *baissier* de la politique,
qui, à l'exemple de son complice, le *baissier*
de la Bourse, se condamne au déplorable rôle
de mettre toujours ses intérêts en opposition
avec ceux de sa patrie, de ne désirer fatalement que ses désaftres, d'y pousser de toutes

ses forces & de tous ses cris, & de faire surgir ainsi les embarras du dedans;

Enfin, c'eſt celui qui veut remplacer la loi tutélaire de la majorité par l'arbitraire tyrannique du petit nombre, faire le peuple esclave du parti & écraser la démocratie tout entière sous une despotique *kakiſtocratie*.

POURQUOI IL L'EST

On eſt député de l'opposition :

Par regret d'un portefeuille perdu ou par désir irrégulier d'un portefeuille à venir;

Les uns le sont par rancune ou par ambition, les autres pour faire du bruit & séduits par la facilité du rôle;

Les uns le deviennent mathématiquement & après avoir bien calculé tous les débris que peuvent faire leurs coups sans cesse répétés; les autres par entraînement pour cette proſtituée de bas étage qu'on appelle la popularité

& qui, les caressant tant qu'ils s'emportent, les déchire s'ils s'arrêtent.

On dit que, parfois aussi, on l'eſt par excès de naïveté, par excès de bon vouloir, par excès de patriotisme ou par excès de plénitude d'une des cases du cerveau?

Tant mieux, alors! c'eſt du moins une oasis dans les triſtes aridités de l'opposition.

CE A QUOI IL SERT

Le député de l'opposition a trois rôles marqués qu'il remplit tour à tour : à la chambre, dans sa circonscription électorale & à l'étranger.

A LA CHAMBRE

Dès qu'il entre à la Chambre, il y cherche la cime d'où ses foudres doivent éclater sur la majorité, quelle qu'elle soit, & s'y inftalle en adversaire né de tout ce qu'elle voudra faire.

A force de répéter aux gens en bonne santé qu'ils sont malades ou mourants, parfois on voit un esculape les forcer à accepter sa panacée... & les rendre incurables.

Eh bien! souvent, en politique, les gens en bonne santé sont les populations, & l'esculape, le député de l'opposition.

A force de déclamer toutes les banalités antédiluviennes de ses devanciers, il espère que tôt ou tard elles seront accueillies aussi, & pour y arriver il aura la patience comme il a déjà la mémoire & les poumons.

Il se pose donc bien vite en défenseur d'opprimés qui n'exiftent pas; il attaque courageusement — & sans danger — toute sorte de moulins à vent imaginaires, & il joue ainsi au grand homme sous les yeux & aux applaudissements des badauds sans cesse renaissants qui prennent si facilement les don Quichotte pour des héros.

Seulement don Quichotte croyait aux tyrans & à sa Dulcinée, tandis que, malgré tous ses efforts, le député de l'opposition ne peut vraiment croire ni aux esclaves qu'il invente, ni aux despotes... qui le laissent si libre.

Mais il connaît son rôle & ne l'oublie jamais; il parle, parle, parle & parle.

On ne donne, il le sait, aucune attention au cheval utile & calme qui, chaque jour, creuse modeſtement son sillon & prépare sans fracas la moisson.

Mais on fait cercle autour de celui qui piaffe & se cabre; & il le sait aussi.

Pourtant, grâce à l'un, il y aura du pain pour tous; & l'autre, en disparaissant, ne laisse que des blessures ou des débris.

On ne s'arrête pas devant la lampe modeſte dont la flamme se borne à éclairer le travail; mais on se groupe avec admiration devant la

fusée d'artifice qui n'éclate avec tapage &
n'éblouit un inftant que pour laisser plus de
ténèbres... & parfois des brûlures.

Le député de l'opposition sait tout cela; aussi
se garde-t-il d'être la lampe utile ou le cheval
laborieux. C'eft un rôle ingrat que la popularité
dédaigne.

Il sait également qu'autant l'ordre & la
logique sont indispensables à celui qui veut
édifier ou conserver, autant le démolisseur
peut & doit s'en passer, pourvu qu'il fuie à
temps les éboulements; il a donc bien soin de
n'en point embarrasser ses perpétuelles attaques, & elles n'en marchent que mieux &
plus vite.

Il sait que le mot *économies* a toujours
de puissants échos, & qu'en même temps les
petits salaires aiment à devenir gros; aussi ne
manque-t-il jamais de réclamer, à grands cris,
la *diminution* de l'impôt & *l'augmentation*
des modiques traitements; & les humbles sa-
lariés applaudissent naturellement, sans songer
qu'on ne peut élargir les dépenses quand on
rétrécit les recettes.

Mais la comédie eſt jouée ; & les pauvres dupes payeront plus tard de leurs suffrages tous ces mots faux & vides qu'il leur jette, sans compter.

« Supprimez, ajoute-t-il, vos coûteuses armées, » & l'on se pâme d'aise à cette grande idée.

« Tenez donc votre drapeau plus ferme, — s'écrie-t-il l'inſtant d'avant ou d'après, — &, au lieu de subir la loi de l'étranger, imposez-lui la vôtre ! »

Et l'on admire de plus belle, sans penser qu'un pays sans armée s'ôte le droit de parler haut.

Et la comédie eſt continuée.

Et elle se continue de même avec l'élaſtique queſtion d'agriculture qui, depuis si longtemps, eſt une si bonne nourrice pour tous les ambitieux.

Et elle se continue ainsi avec toutes les queſtions de même espèce où l'on se paye de belles paroles.

Mais, pour porter à faux, les coups de l'opposition n'en sont pas moins portés... & c'eſt tout ce qu'il lui faut.

Et si, quelque beau jour, devant un apaisement de passions laborieusement obtenu, le Pouvoir veut, de lui-même, faire un pas en avant, le député de l'opposition l'arrête à force d'imprudentes secousses ou de dangereuses menées, & parfois même l'oblige à reculer jusqu'aux sévérités de la dictature.

Puis, quand après une session longue, chère & irritante, on se demande impartialement ce qu'il a fait, hélas! on s'aperçoit :

Que ses éternelles récriminations contre un irrévocable passé, — dont souvent il a détourné seul la marche désirée, — ont usé en pure perte l'argent du pays & le temps de ses représentants;

Que ses attaques de parti pris n'ont eu pour résultat que de troubler & d'obscurcir toutes les discussions;

Et que ses excitations calculées, au lieu d'aider aux progrès de la France & à sa prospérité, n'ont servi qu'à tout entraver & à tout compromettre.

Mais si l'on n'a point fait les affaires du peuple, en revanche les intéressés se sont abreuvés de grands mots & ils ont applaudi :

Parce que la fiction a des mirages que la réalité n'a pas ;

Parce que rien n'eſt fatalement impopulaire comme la raison qui éclaire, mais qui heurte, tandis que rien n'eſt plus irrésiſtiblement populaire que la passion qui aveugle, mais qui caresse ;

Enfin parce que les grands enfants de l'humanité se plaisent aux oripeaux du mensonge & s'irritent des franches nudités du vrai.

DANS SA CIRCONSCRIPTION

Dès que la session eſt close & que les soins de sa popularité le ramènent au milieu des électeurs, il appelle aussitôt ses lieutenants & ses premiers soldats, c'eſt-à-dire :

Les ambitieux de degrés plus humbles qui

suivent son sillage pour récolter les miettes possibles ;

Les meneurs du hameau & les tribuns de l'atelier ;

Les fanatiques de l'importance & les apôtres de la critique ;

Les patriotes encore trop naïfs & ceux qui ne le sont plus assez ;

Enfin tous les froissés & tous les mécontents dont les inſtinȼts d'arbitraire, les désirs de l'impossible ou l'ignorance du droit n'ont pu avoir l'adminiſtration pour complice ;

Et alors, sans aucun examen & de par son seul titre de député de l'opposition, il se fait le porte-voix de toutes les plaintes sans fondement, le point d'appui de toutes les réclamations sans raison & le centre de toutes les rancunes.

Puis, désormais, chef d'une armée qui, selon sa volonté, s'agitera & criera, il organise la résiſtance contre l'autorité & la lutte contre l'adminiſtration ;

Il désunit les conseils municipaux ;

Il sème la discorde entre les concitoyens ;

Il décourage le maire qui se sacrifie ou le préfet qui se dévoue;

Il détruit la tranquillité du présent;

Il prépare les difficultés de l'avenir;

Et il met partout le trouble à la place de l'ordre, le brouillard à la place de la lumière, l'inquiétude à la place de la sécurité, en sacrifiant, de force ou de gré, la capacité à l'ignorance, le mérite au bavardage, le progrès au bruit, la prospérité à l'envie, la paix à la lutte, & l'honnête homme paisible à l'intrigant tapageur.

A L'ÉTRANGER

Si le bien a ses franc-maçonneries, le mal a ses associations.

Aussi, dès qu'un étranger quelconque lutte politiquement contre les lois de son pays ou en eſt banni, pourvu qu'il ait du fiel au cœur ou de la poudre aux mains, cela suffit, l'opposition l'acclame, l'encense, le déifie, & désormais elle se ligue avec lui pour que, chez toutes les nations à la fois, les exceptions remuantes sèment le désordre & recueillent l'anarchie.

Sous prétexte d'activer le progrès chez tous, le député de l'opposition l'entrave, l'épouvante & l'arrête à l'étranger, comme il l'entrave, l'épouvante & l'arrête en France.

Il exaspère les souverains contre leurs peuples en même temps qu'il irrite les peuples eux-mêmes contre son propre pays, & quand un désaccord fatal éclate enfin, trop souvent la faute n'en eſt qu'à ses triſtes discours & à ses alliances plus triſtes encore.

Souvent aussi, au lieu de se taire patrioti-quement sur les côtés faibles de la France, ses demi-mots en font des plaies que l'étranger scrute avec joie;

Au lieu de la laisser, aux yeux de tous, grande, forte & respectable, souvent il ne touche à son auréole que pour la flétrir & la jeter parricidement en pâture aux dédains de l'univers;

Parfois même, il lance imprudemment pour

elle le cri de détresse, &, seul, il finit par donner aux autres peuples étonnés le courage de la moins respecter.

Heureux encore si, quand une lutte s'engage, les soldats français ne trouvent point, dans les rangs ennemis, d'autres Français rendus fous par tant de paroles & d'associations antinationales !

CE QU'IL COUTE

Si la chambre des députés n'était vraiment que le grand cabinet de travail de la France, & si tous ne s'y préoccupaient que des sérieux intérêts du peuple & des lois qu'il lui faut, deux mois de session suffiraient chaque année & ces deux mois seraient utilement productifs.

Mais quand l'amour-propre des uns la change en une arène pour les tournois oratoires & que la passion des autres en fait un champ de bataille pour les querelles de partis, six mois sont vite usés & ne donnent que peu de fruits.

Le temps s'y perd en vaines discussions qui‘ sauf les dates, reftent toujours les mêmes, dont les causes, toujours, sont les mêmes aussi, où les mêmes champions luttent avec les mêmes armes — plus ou moins courtoises, — & dont le résultat négatif eft également invariable.

Mais si, pour entraîner la Chambre dans ces vieilles ornières & l'y noyer sans cesse sous le robinet toujours ouvert de l'*adresse* ou des *interpellations*, il faut aux opposants plus d'un tiers de la session, l'autre tiers qu'on perd à leur répondre eft encore perdu par leur faute.

Sur les six mois de séances accordés à la Chambre, il eft donc jufte d'en porter au moins quatre au compte de l'opposition, — soit deux millions quatre cent mille francs sur les trois millions six cent mille de dépense totale ; — &, si on la suppose composée de vingt membres, chacun d'eux se trouve coûter cent vingt mille francs par session, c'eft-à-dire vingt mille francs de plus qu'un miniftre.

Et ce n'eft pas tout ; ce n'eft rien même.

Mais quand, troublant tout à coup la France dans son fruétueux travail & sa tranquille prospérité, l'opposition lance, de tous côtés, sur elle, ses accusations brûlantes ou ses excitations passionnées, il arrive trop souvent que les espérances coupables se joignent aux espérances aveugles pour remuer le pays, que les chantiers s'agitent, que les ateliers fermentent, que le commerce s'effraye, que l'induſtrie s'arrête, que l'inquiétude se montre partout, que le malaise vient pour tous, que riches & pauvres, ouvriers & patrons, souffrent du même coup... & qu'à la suite de trop de beaux discours apparaît la ruine qui compte ses viĉtimes !

Et voilà ce que coûtent à la France les passions & les paroles de toutes ces oppositions & de tous ces partis qui ne sont pas la France.

Et la routine, sans comprendre que l'opposition a ainsi changé de place & de rôle, n'en continue pas moins à répéter partout : *L'opposition eſt nécessaire !*

FIN

PARIS, IMPRIMERIE L. POUPART-DAVYL, 30, RUE DU BAC.

* 9 7 8 2 0 1 1 6 2 0 7 6 7 *